LES VRAIS PRINCIPES DE LA MUSIQUE

Exposez

Par une gradation de lecons distribueez d'une maniere facile et Sure pour arriver a une connoissance parfaite et pratique de cet art

composé

Par le S.r DE LA CHAPELLE

LIVRE PREMIER le prix est de 5.tt broché

A PARIS

CHEZ
l'Auteur rue du Temple chez un Limonadier auquoin de la rue des vielles Audriettes.
La Veuve Boivin rue S.t Honoré a la regle d'Or.
Le S.r le Clerc rue du roule a la Croix d'Or.
Le S.r Duval Marchand Papetier rue S.t Honoré près l'Opera.

AVEC PRIVILEGE DU ROI.

PREFACE

La Musique est un don de la nature aussy necessaire a l'esprit pour le delasser, que la nourriture l'est au corps pour l'entretenir.

Tous les sens concourent a la conservation, a l'utilité et au plaisir de l'homme: leurs objets sont faits pour le recreer, et l'anoblir, car l'union de l'objet avec la puissance, lui donne un nouveau degré de perfection, entre tous les sens l'ouye est le plus noble comme etant le seul qui serve a la morale: en effet les couleurs, les saveurs, et les odeurs, n'ont aucun pouvoir sur nos moeurs; les plaisirs quils nous procurent, ne moderent pas nos passions; ils nous conduisent au contraire le plus souvent dans l'exces, mais le plaisir de la Musique est si doux, si tempere, si innocent et si spirituel, quil appartien plutost a l'entendement qu'au corps, et aux anges qu'aux hommes, c'est ce qui fait dire à Platon que les intelligences celestes sont des syrenes; les anciens Philosophes ont eu une idée si vaste de la Musique quil me seroit trop long de rapporter les avantages qu'on en retire, en effet la Musique est la plus ancienne de toutes les sciences, et la plus propre pour recreer l'esprit de l'homme qui peut se laisser aller a une joie pure et excitée par quel qu'amusement innocent.

Or en est il de plus raisonnable, de plus noble, et de plus innocent que celui de la Musique, il est de tous les âges, et de touttes les conditions: les humeurs les plus farouches et les plus bizarres ne peuvent se refuser à sa douceur: la Musique a ses graces et ses modes qui symbolisent avec les ames les plus feroces, elle entretient notre joie, flatte notre tristesse, l'adoucit, captive notre esprit de quelque passion quil soit preoccupé, il n'y a donc aucune raison solide qui puisse empêcher un bon esprit de se plaire, et de s'attacher a la Musique puisqu'elle est un don de la nature et qu'elle n'a rien en soi qui ne soit honnête, et agreable, et qui ne conduise a la vertu.

Rien n'est plus important a un état que l'education de la jeunesse: elle doit avoir ses plaisirs comme ses occuption: ordinairement emportée par un sang chaux et des esprits tout de feu, par ou peut on

mieux regler

les saillies impetueses de cet age que par la justesse de l'harmonie ? ne lisons nous pas que Pythagore par le moyen de la musique fit quitter a un jeune homme le desein de commettre un crime ? concluons donc que la musique en elle même est une science noble et neccessaire qui nous porte a la vertu, apres cela on ne doit voir qu'avec joye que notre siecle s'anlique plus que jamais a une sience qui fait le soulagement et la douceur de la societé cette consideration ma engage a faire part au public de mes reflextions sur la musique, et de luy offrir une nouvelle methode donc les principes simples et les notions claires et distinctes, peuvent conduire un commençant a l'art d'une parfaitte intonnation: car s'il étoit vray que l'on put arriver a cette perfection sans le secours d'un maitre, ce seroit certainement par le chemin que j'ouvre aujourdhuy : mais lexperience ne prouve que trop la neccessité d'avoir un guide pour la justesse des tons et le libre mouvement de la mesure l'ouvrage que je donne au jourdhuy n'est qu'une conbinaison de lecons suivie par une gradation digerée. et isolée de raisonnemens, qui le plus souvent ne font que rendre la matiere quon traitte plus obscure et hors de la portée de ceux qui veulent etudier ; par cette voye l'ecolier peut se mettre en etat de dechiffrer, et se rendre maitre de tous les genres qui forment la totalité de mon art. qu'on lise cette methode, et l'on verra que j'ai aprofondi touttes les parties de la musique j'oseray dire même que j'ai travaillé non seulement pour les ecoliers, mais encore pour les maitres car en suivant pas a pas ma methode les uns pouront epargner le tems quils employeroient a composer les leçons tems dont l'ecolier profitera les autres qui peut être ne seront pas en etat de composer n'auront qu'a conduire leurs ecoliers dans la route que je leurs trace.

Je n'ay point fuy la peine et le travail pour prevenir le reproche qu'on fait aux autheurs de methodes : on leurs objecte que leurs livres de principes n'est quun esquisse ou le sujet n'est qu'Ebauche l'ecolier diton, ne peut pas par une seule leçon sur chaque espese aquerir une pleine et parfaitte pratique, il en faut plus d'une et l'on ne doit pas luy donner une idée du dieze et du bemol quil ne soit auparavant formé sur la justesse des tons naturels, et je conviens moy même qu'un seul exemple ne suffit pas pour luy donner l'intelligence de la position d'une clef. et l'habitude d'un mouvement de mesure qui l'embarasse pour le moins autant que le chant je ne scay si je dois me flatter d'avoir evité cet inconvenient, qu'on parcoure mon livre on en jugera.

Je me suis principalement attaché a mettre cette methode a la portée de l'age et des dispositions de touttes sortes de personnes : jay donné a mes lecons une etendüe proportionnée a la foiblesse des enfans dont la voye naissante ne peut être forcée ny fatiguée, ceux d'un age plus formé auront la facilité de changer de lecons aussi souvent que leurs progrez le permettrons, Quoique mes leçons n'ayent qu'une juste etendüe cependant elles peuvent servir a ceux dont la voix và jusqua deux octaves, quel qu'extraordinaire et rare que cela soit. pour l'ors mes leçons n'etant que d'un octave et quite au plus, on n'a qu'a les prendre par le centre de la voye de l'ecolier, et recommencer ensuitte la leçon d'un ton ou deux plus haut, s'il est neces-saire, on suivera la même regle pour faire descendre la voix jusqu'au plus bas en baissant le ton aproportion. j'ai mis de plus a la fin de mon second livre douze leçons composées exprés de deux octave pour ces sortes de voix; je prie instament les maitres de ne les faire servir qu'a cette fin, car souvent l'Exemple ne la deja que trop prouvé, en faisant chanter des leçons d'une trop grande etendüe, on epuise la voix du commencant.

Il arrive souvent que nous faisons solfier a nos ecoliers des sonnates, je ne crains point de dire que c'est agir avec une temerité inconsiderée. la voix n'a pas l'etendüe des instrum.ts pour les quels les sonnates sont composer je ne pretends pas cependant interdire a la voix ce genre de musique, mais je veux qu'on l'y con-duise par degréz a mesure quelle se forme. et cela ne se peut faire que par une gradation de leçons qui fasse passer la voix par tous ses points c'est ce qu'on pou-ra voir par la suitte de cette ouvrage; Cela ma fait luy donner le titre de vray principes; veritablement je ne crois pas qu'on puisse arriver a la perfection de mon art par des voye plus simples et plus unies.

Ceux qui professent un art ne doivent avoir en vue que l'utilité du public. ils luy doivent un compte severe et exact de l'usage de leurs talens et du profit même qu'ils en retirent. rempli d'une verité que tout honneste homme doit suivre j'ay remarqué avec douleur plus d'une fois que des sujets pour qui la nature est aussi prodigue que la fortune leur est avare. ne peuvent par consequent payer un maitre, car ne nous flatons point, nous croyrions n'etre pas reputez grands dans notres profession, si par une humanité genereuse nous nous relachions du prix que nous mettons a notre scavoir en faveur des heureuses dispositions qu'on rencontre dans un sujet penetré de la triste verité de cette reflexion, autant quil sera en mon pou-voir de me prêter aux circonstances, je ne refuseray jamais d'entrer dans la situation de pareils gens. et ce qui me console c'est que mon livre poura y supleer.

On observera que je nay pas fait de leçon sur la deuxieme position de la clef de fut. fa. attendu que les leçons de la premiere position de ge. re. sol, font le même effet que celles d'e fut fa sur la quatrieme ligne, comme il est expliqué dans la table. de plus dans les endroits difficiles j'ay marqué la maniere de les rendre plus facile par des supositions de nottes naturelles.

Il est necessaire encore que l'ecolier parvienne a une parfaitte connoissance de cette table avant de commencer a chãter, je ne me suis servi dans ce premier livre que des clefs naturelles. et des trois principaux mouvemens qui font le principal fondement de la musique. dans le second livre je donneray une autre table pour les transpositions et les autres mouvemens suivis d'une explication intelligible pour les bien concevoir. on y trouvera aussi tous ce qui conserne le silence. la tenue. et la sincope.

Je dois icy malgré moy parler d'une methode nouvellement mise au jour intitule l'art d'aprendre la musique exposé d'une maniere nouvelle et intelligible. par une suitte de leçons qui serve successivement de preparation.

J'avouray avec la sincerite d'un honnete homme que j'avois fini de faire graver mon ouvrage quand un ami ma parlé de cette methode. frapé d'un titre qui mostroit une idée samblable a la mienne je l'ay parcourüe avec soin. la lecture de la preface m'a fait croire d'abord qu'elle seroit digerée et nôtee de la meme maniere. mais la suitte ma detrompée, cette methode est remplie de longs raisonnemᵗˢ et de peu d'exemples la mienne au contraire abonde en Exemples et le raisonnement y est court serré et y naist apropos. la musique y est conbinée par une gradation toutte differente, premierement l'autheur n'a point fait de leçons sur la premiere et deuxieme position de ce, sol, ut, naturelle c'est a dire sans transposition, non seulement il avance beaucoup de choses sans preuve, mais il dit encore que s'il a continué trop long temps la même clef, ce n'est qu'en faveur de ceux qui apprenent a joüer des instrumens, or je dis que cette raison est mal fondée car enfin la musique vocale et l'instrumentale. n'est dans le fond que la même chose mais elles doivent etre partagées dans deux classes differentes de principe, dont l'une sera pour ceux qui ne veulent sçavoir joüer d'un instrument que pour le seul amusement. l'autre au contraire servira a ceux qui le veulent porter a sa perfection, ceux cy ne peuvent se dispenser de passer par la premiere qui renferme les principes. rendons cela sensible. Qu'une personne observe toutte la justesse des tons sur son instrument, touttes les conbinaisons des differentes valeur de nottes sur tous les differens mouvement de mesure, si elle n'a que la connoissance de la position d'une ou deux clefs. il y aura milles occasions ou elle demeurera tout court. l'on ignore pas qu'on a retranché dans la composition d'aujourd'huy. l'usage d'ajouter ligne sur ligne. au dessus et au dessous. des cinq determinées, pour eviter une Confussion embarassante. on a remedié a cet inconvenient par le changement de la position des clefs. Or c'est dans ces changemens que l'on est arresté si l'on a pas une connoissance pratique de touttes les differentes positions des clefs, et cette connoissance s'aquiere bien plus par les leçons de la vocale que de l'instrumentale, aussi ne voit on aucun bon accompagnateur qui ne sçache parfaittement la vocale. sans la quelle Quoiqu'on peut bien executer les airs de mouvemens comme sont les sonnates on ne peut pas cependant accompagner un Recitatif ou une Cantate puisqu'on est obligé de suivre pas a pas la personne qui chante. J'aurois encore bien d'autres remarques a faire sur cette methode, mais j'en ay assez dit. et vouloir en mettre le deffectueux dans tous son jour, ce seroit se exposer au soupson d'une jalousie de profession dont mon caractere m'eloigne tout a fait. j'ajouteray seulement que la difference qui se trouve entre ma methode et les autres. consiste principalement dans le nombre des leçons suffisantes, pour conduire un ecolier au point de perfection sans le secours d'aucune autre musique, ces leçons sont tellement distribuées qu'on aura pas plus de difficulté dans les dernieres que dans les premieres tellement qu'une personne qui aura etudié la musique selon mes principes dechiffrera touttes sortes d'airs quelques difficiles quils puissens être

Je croy devoir finir icy par une reflexion qui pour etre simple n'en est pas moins neccessaire, la plus part des maitres scavent la musique dans sa pratique, mais la connoissent peu dans sa theorie.

La musique se divise en theorique, qui considere la nature des consonnantes et des dissonnantes, et qui exprime par nombre les raisons et les raports quelles ont entrelles. la pratique enseigne non seulement la maniere de composer plusieurs parties de chant lesquelles unies ensemble forment une juste et agreable harmonie. mais encore elle aprend ce qui s'appelle chanter et joüer a livre ouvert.

Or la musique comprise dans ces deux parties, est une science jmmence, qui doit avoir pour fondement touttes les autres sciences, je ne suis point surpris qu'on s'inquiet peu de scavoir la theorique. car quel temps ne fautil pas pour l'etudier! quelle secheresse et quel ennuy a essuyer; J'avoüs que le degoust que laisse apres soy l'etude d'un infinité d'autheurs qui traitent en pures mathematiciens de la valeur et de la distance des sons est si accablant quil est pardonnable a des personnes qui vivent de leurs professions de ne pas s'apliquer a une science qui demande plus que la vie pour la sçavoir. ce degoust est tel que peu s'en faut que je ne fasse a celui qui lira cette preface de même compliment que fit un musicien* a Philipes pere d'Alexandre Dieu vous garde Seigneur lui ditil d'en scavoir autant que moy la dessus. cependant il est des choses qu'on ne peut jgnorer sans honte, j'avoueray qu'on ma fait des demandes quelque fois, qui m'ont rendu confus ne scachant que repondre. par Exemple si je demandois a un maitre si les anciens et les modernes se servoient des mêmes caracteres signes ou nottes, je croy pouvoir dire sans les offencer quils seroient dans le même embaras ou jai eté a pareille interogation. si je leurs demandois même pourquoy on appele l'echelle gammes, et pourquoy on en nomme les tons, ut, re, mi, fa, sol, la, si, ut, il y en aurois beaucoup qui demeureroient sans voix. cependant rien de si naturel que cette demande. elle n'aist même du sujet, voicy le fait eclaircy.

Les anciens possedoient l'art de peintre les sons et de chanter aux yeux, ou pour parler moins allegoriquement ils scavent l'art de noter les airs de musique cet art s'apelloit parasementique, ou semeiotique. Pytagore en fut jnventeurs, ils ne nous reste aucuns de leurs airs notéz. mais nous avons les nottes dont ils se servoient car outre les noms des chordes quil seroit trop long de raporter, chaque son êtoit encore distingué par des caracteres ou marques abregées, c'etoient des lettres de l'Alphabet grec, ou entieres, ou coupées par la moitié, ou couchées, ou renversées, les unes pour la voix, les autres pour les jnstrumens. et comme elles etoiens en grand nombre et toutes differentes on les mettoit sur une ligne paralelle aux paroles. au lieu que les notes dont on se sert aujourd'huy ayant toutte la même figure on est obligé de les distinguer par leurs differente scituation. dans l'echelle. on se servoit encore de ces caracteres. dans le cinqieme siecle, mais l'usage s'en est perdu depuis qu'on peut attribuer a leclipse que souffroient les sciences Environ ce temps, par les tenebres que les barbares apporterent avec eux. quoiqu'il en soit il est sertain que vers le milieu de l'Onzieme siecle. l'on vit renaître la musique avec un nouveau cortege de methodes et de termes tous differens des premiers. un abbé Italien nommé Guy d'Arezzo Inventa la gamme ou l'echelle appellée de son nom Guidoniene dans la quelle il employa pour nottes des figures quarrées. et leurs donna les noms des monnosillabes. qui commencent les six premieres demi vers de l'Hyme de saint Jean. ut queant laxis resonare sibris, mira gestorum famuli tuorum solve polluti labij reatum. et comme le G. des Grecs Gamma repondoit a lors a celle de nos clefs que nous apellons clef de ge re, sol, de la est venu le mot Gamma. et ensuitte celuy de Gamme,

Ce trait historique prouve quil est mille choses dans les sciences que les maîtres jgnorent sans reflechir sur la necessité de les scavoir, je ne le raporte point icy pour faire de vain etalage d'une Erudition que j'avoüe métre etrangere. je dois cette particularite a la confussion ou je me suis trouvé quand je ne pus repondre a la demande quon m'en fit, l'aveu que j'En fait est une preuve ingenüe de ma sincerité et du zele que jai pour mes confreres que je voudrois nétre pas exposée a rougir a leur tour.

AVERTISSEMENT.

Dans l'intervalle de la suite de mon livre je donnerai au Public de tems en tems des airs nouveaux de ma composition tant pour la vocale que pour toute sorte d'instruments. je les ferai distribuéz en feuilles separées pour la commodité d'un chacun. et si je puis obtenir l'approbation du Publie je tacherai autant qu'il me sera possible d'y répondre par mes ouvrages

Ceux qui auront de la disposition pour apprendre la Musique peuvent s'adresser a l'auteur: ils verront par le zele et les manieres polies avec les quelles il agira avec eux, que rien ne peut les detourner du desir qu'ils ont d'apprendre cette science.

Aprobation

J'ay lu par ordre de Monseigneur le Gardes des sceaux un manuscrit qui a pour titre les vray principes de la Musique. et j'ai cru qu'on pouvoit en permettre l'Ipress.^on a Paris ce 17 Juillet 1736. signé Maunoir.

Privilege General.

Louis par la grce de Dieu Roi de france et de Navarre, a nos ames et feaux Conseillers les Gens tenāt nos Cours de parlement, Maîtres des requestes, ordinaires de notre hotel, Grand Conseil, Prevôt de Paris, Baillifs Senechaux, leurs lieutenans Civils et autres, nos justiciers qu'il appartiendra, Salut: notre bien amé Le Sieur Jacques Alexandre de la Chapelle, Maître de Musique, Nous ayant fait remontrer qu'il souhaitteroit faire Imprimer, et Graver et donner au public Les vrais principes de la Musique Exposez par une gradation de leçons distribüé d'une maniere facile et sur pour arriver a une connoïssance parfaite et pratique de cette Art, de sa composition, s'il nous plaisoit luy accorder nos Lettres de Privilége sur ce necessaires a Ces Causes voulant traitter favorablement le dit sieur exposant, Nous luy avons permis et permettons par ces presentes de faire imprimer, et graver ces dits ouvrages conjointement ou separement, et autant de fois que bon luy semblera, et de les vendre, faire vendre et debiter par tout notre Royaume pendant le tems de six années consecutives a compter du jour de la datte des dites presentes; faisons défenses a toutes sortes de personnes de quelque qualité et condition qu'elles soient d'en introduire d'impression ou graveure étrangere dans aucun lieu de notre obeissance, comme aussi a tous graveurs imprimeurs marchands libraires imprimeurs en taille douce et autres d'imprimer, faire imprimer, graver ou faire graver, vendre faire vendre, débiter ni contre faire les dits ouvrages cy dessus Exposez en tout ni en partie ni d'en faire aucuns extraits sous quelque pretexte que ce soit, d'augmentation, correction, chagement de Titre, même en feuilles separées ou autrement sans la permission exprsse et par ecrit dudit sieur exposant ou de ceux qui auront droit de luy, a peine de confiscation des Exemplaire contrefaits, de trois mille livres d'amande, contre chacun des contrevenants dont un tiers a nous, un tiers a l'hôtel Dieu de paris, l'autre tiers audit sieur exposant, et de tous d'epens, dommages et interrêts, a la charge que ces presentes seront en registrées tout au long sur le registre de la Communauté des libraires et imprimeurs de Paris, dans trois mois de la datte d'icelles, que l'impression ou graveure dudit ouvrage cy dessus speciffies sera faite dans notre Royaume et non ailleurs, en bon papier et beaux carraetere conformement aux Reglément de la librairie et qu'avant que de l'exposer en vante gravez ou imprimé sera remis en mains de notre tres cher et feal chevalier Garde des sceaux de france le sieur Chauvelin et qu'il en sera ensuite remis deux Exmplaires dans notre Biliotheque publique, un dans celle de notre Chateau du louvre, et un dans celle de notre dit tres cher et feal Chevalier Garde des sceaux de frauce le sieur Chauvelin, le tout a peine de nullité des presentes du contenue des quelles Vous Mandōs et enjoignons de faire jouir le dit sieur Exposant ou ses ayans causes plenement et pesiblement sans souffrir qu'il leur soit fait aucun trouble ou empehement. Voulons que la copie des dites présentes qui sera imprimée, ou gravée tout au long au commencement ou a la fin du dit ouvrage, soit tenue pour duement signiffiée et qu'aux copies Collationnées par l'un de nos amez et feaux Conseiellers te secretaire, foi soit ajoutées comme a loriginal. Commandons au premier notre huissier ou sergent de faire pour l'execution d'icelles tous actes requis et necessaires, sans demander autre permission et nobstant clameur de haro, chartre Normande et lettres a ce contraire: Car ttel est notre plaisir donne a Compiegnes le vint septieme jour du mois de juillet l'an de grace mil sept cent trente six, et de notre Regne le Vint troisieme.

Par le Roy en son Conseil, Sainson.

Registré sur le registre de la Chambre Royale et sindicale de la libraire et imprimerie de paris N.° 329. Folio 289. Conformement aux reglement de 1723. qui fait deffences article 4. a touttes personnes de quelque qualité quelles soient autres que les libraires et imprimeurs de vendre debiter et faire afficher aucuns livres pour les vendres en leurs noms soit quils sendisent les auteurs ou autrement et a la charge de fournir les huit Exemplaires prescrits par l'article 108. du même reglement a paris le 12. Aoust 1736. Signé Guillaume Martin sindic.

Les exemplaire ont été fournis

Les Vray principes de la Musique

Table premiere.

premierement il y a sept sons differents dans la musique que l'on distingue par nom de notte ut, re, mi, fa, sol, la, si, il y a trois clef que l'on nomme. clef de cé sol ut, clef de ge re sol, clef d'ef ut fa.

la clef de ce sol ut, a quatre positions, elle se posent sur la premiere segonde troizieme et quatrieme ligne.

celle de ge re sol en a deux, elle se posent sur la premiere et segonde ligne.

celle d'ef ut fa a aussi deux position elle se posent sur la troizieme et quatrieme ligne.

chaque position de clef donne son nom aux nottes qui se rencontre sur la ligne ou elle est posée, les autres nottes se nomment ensuite selon leur ordre naturel, ce qui fait que l'on peut trouver sur le même degré les sept notes.

remarqué y si desus que la clef de ge re sol sur la premiere ligne, et celle d'ef ut fa sur la quatrieme ligne, fons le même efez pour l'ordre et le nom des nottes.

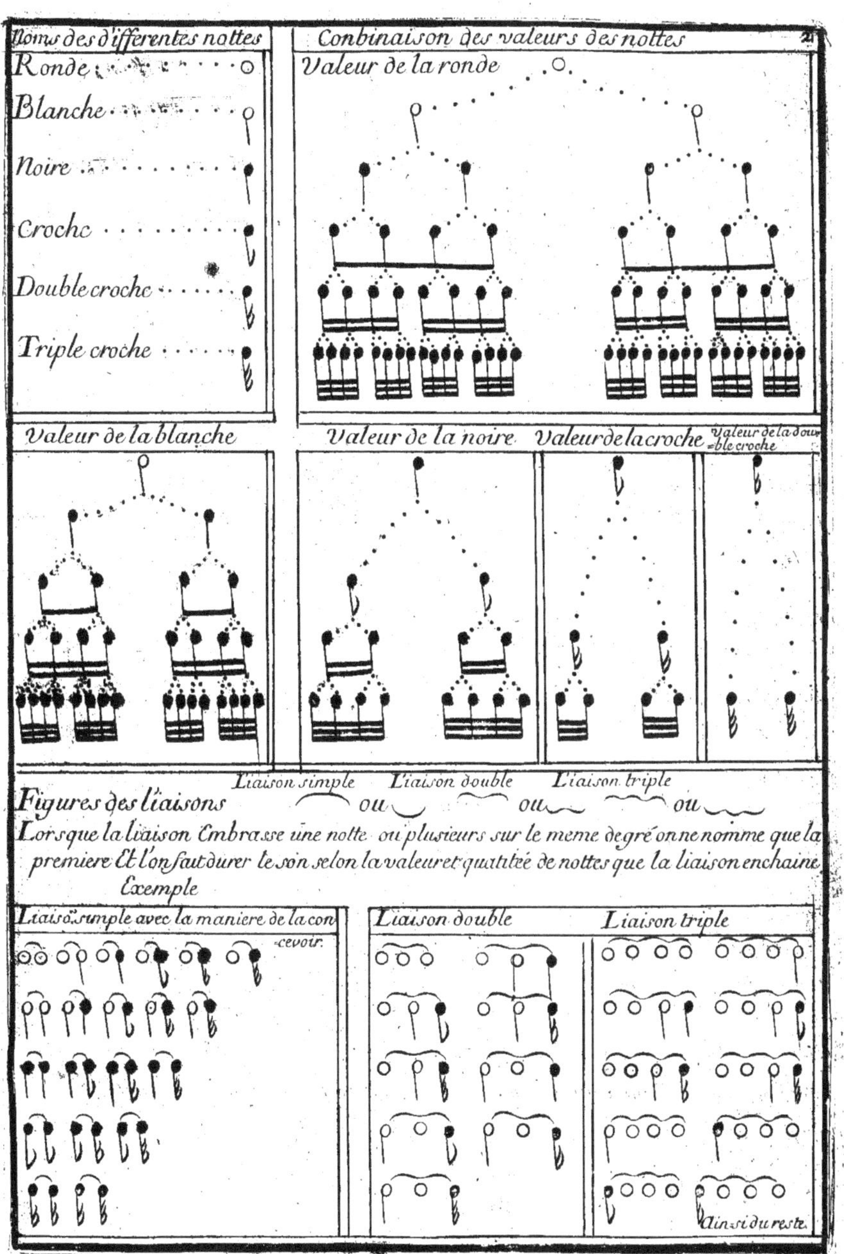
Noms des differentes nottes
Ronde
Blanche
Noire
Croche
Double croche
Triple croche
Conbinaison des valeurs des nottes
Valeur de la ronde
Valeur de la blanche
Valeur de la noire
Valeur de la croche
Valeur de la dou-ble croche
Figures des liaisons
Liaison simple
ou
Liaison double
ou
Liaison triple
ou
Lorsque la liaison Embrasse une notte ou plusieurs sur le meme degré on ne nomme que la premiere Et l'on fait durer le son selon la valeur et quatitée de nottes que la liaison enchaine
Exemple
Liaisõ simple avec la maniere de la concevoir.
Liaison double
Liaison triple
Ainsi du reste.

le point vaut la motie de la note quiprecede, exemple pour le concevoir. la leçon est page 18 leçon 69. et 70.

Les trois Figures qui servent a hausser baisser etremettreau naturel. ✱ ♭ ♮ dieze, bemol, becar,

Le dieze ✱ fait hausser d'un demi ton, la leçon est page 19 leçon 70

le bemol ♭ fait baisser d'un demi ton, la leçon est page 19 lecon 73

le becar ♮ sert a remettre le ton naturel quand il a eté derangé par dieze ou bemol; la leçon est page 22 leçon 84

lors que lune ou lautre des trois figures est placée devant une note il sert aussi pour toute celle qui la suivent immediatement sur le meme degré, on se sert quelque fois du bemol pour reparer le derengement du dieze, ou du dieze pour reparer celui du bemol, mais suivant les regles ce ne doit estre que le becar.

Figure de la Cadence. +

la cadence saprend par imitation, la leçon est page 17 leçon 62 63 64 65 66

Figure de la cadence coupée.

la cadence coupée se fait differament elle est fort usitée dans la propreté du chant et sapprend avec plus de faciliter que l'autre, la maniere de la faire ce vera dans le segond livre, Figure de la reprise ou

la reprise sert a repeter deux fois le commen.t d'un air et deux fois la suite, la lecon est page 18 lecon 67

Figure du renvoy.

le renvois sert a reprendre a la meme figure, la leçon est page 24 lecon 96

Figure de la ligne de pasage. ou

la ligne de pasage ne se trouve pour l'ordinaire qu'a la reprise, ou a la fin dun air, pour l'ors en repetant pour la segonde fois soit le commencement soit la suitte, on on passe la notte qui etoit derniere pour prendre celle qui est au bout de la ligne de passage. la leçon est page 24 ligne derniere et page 25 lecon 100

Figure du guidon.

le guidon sert a annoncer la premiere note de la ligne selon l'endroit ou il est posé, lexemple se trouve au bout des lignes de chaque lecons, Figure de la finale.

la finale termine la fin d'un air ou d'une piece, l'exemple se trouve a la fin de chaque leçon.

figure des trois principaux Signe de la mesure. C double majeur, 3 triple ordinaire, 2 double ordinaire,

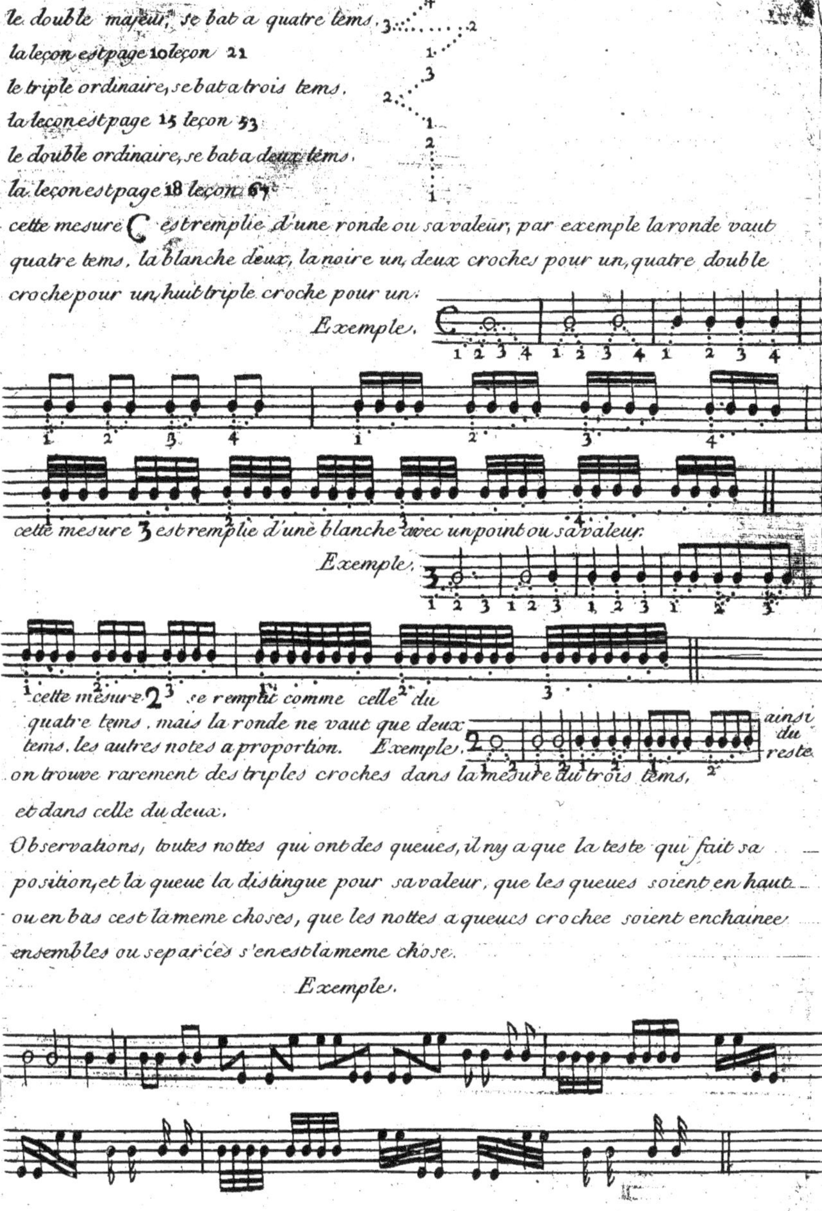
le double majeur, se bat a quatre tems.
la leçon est page 10 leçon 21
le triple ordinaire, se bat a trois tems.
la leçon est page 15 leçon 53
le double ordinaire, se bat a deux tems.
la leçon est page 18 leçon 67
cette mesure C est remplie d'une ronde ou sa valeur, par exemple la ronde vaut
quatre tems, la blanche deux, la noire un, deux croches pour un, quatre double
croche pour un, huit triple croche pour un.
Exemple.
cette mesure 3 est remplie d'une blanche avec un point ou sa valeur.
Exemple.
cette mesure 2 se remplit comme celle du
quatre tems, mais la ronde ne vaut que deux
tems. les autres notes a proportion. Exemple.
ainsi du reste
on trouve rarement des triples croches dans la mesure du trois tems,
et dans celle du deux.
Observations, toutes nottes qui ont des queues, il ny a que la teste qui fait sa
position, et la queue la distingue pour sa valeur, que les queues soient en haut
ou en bas cest la meme choses, que les nottes a queues crochee soient enchainee
ensembles ou separées s'en est la meme chose.
Exemple.

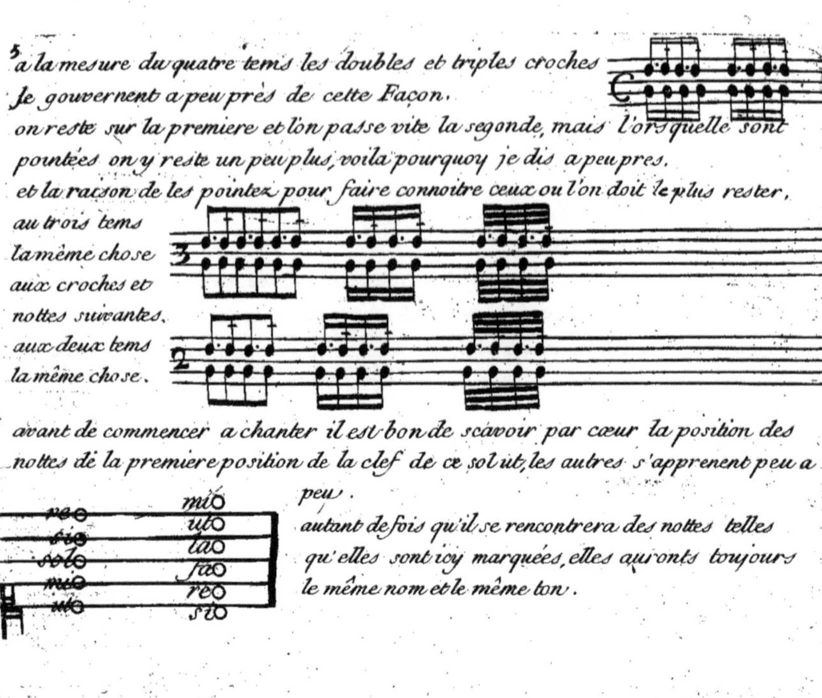

a la mesure du quatre tems les doubles et triples croches se gouvernent a peu prés de cette Façon.
on reste sur la premiere et lon passe vite la segonde, mais l'orsquelle sont pointées on y reste un peu plus, voila pourquoy je dis a peu pres.
et la raison de les pointez pour faire connoitre ceux ou l'on doit le plus rester,

au trois tems la même chose aux croches et nottes suivantes.

aux deux tems la même chose.

avant de commencer a chanter il est bon de sçavoir par cœur la position des nottes de la premiere position de la clef de ce sol ut, les autres s'apprenent peu a peu.

autant de fois qu'il se rencontrera des nottes telles qu'elles sont icy marquées, elles auronts toujours le même nom et le même ton.

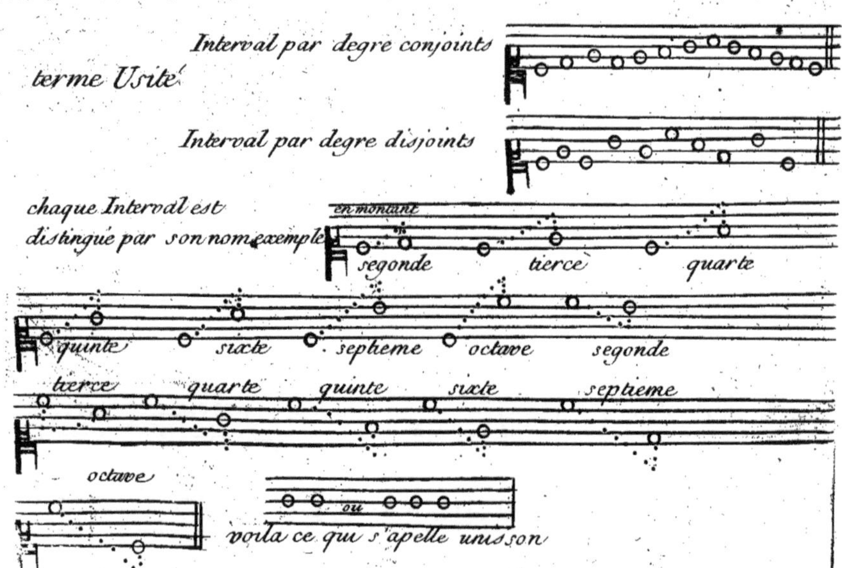

terme Usité

Interval par degre conjoints

Interval par degre disjoints

chaque Interval est distingué par son nom exemple

voila ce qui s'apelle unisson

il y a dans la musique, ton et demi ton, dans l'octave de ce solut, il y a deux demi ton, tant en montant qu'en descendant.

exemple: en montant. ton ton demiton ton ton ton demiton demi ton

ton ton ton demiton ton ton en descendant.

Voila les tons, et demies tons, dans l'ordre naturel, on ne les augmente ou diminue que par le secours du dieze, ou du bemol, ce qui produit le mode majeur et le mode mineur, on connoit la difference par la tierce qui est au desus de la note fondamentale, lorsque la tierce est de deux tons le mode est majeur, et lorsquelle n'est que d'un ton et demi le mode est mineur.

exemple du mode majeur, avec les tons essentiels du mode. tierce majeur note fondamentale

exemple du mode mineur avec les tons essentiel du mode. tierce mineur note fondamentale

different terme qui signifie la même chose en exprimant le ton d'une piece, par exemple, ce solut mode majeur, ou ce solut tierce majeur, ou ce solut majeur, ou en ut majeur, c'est la même signification exprimée differament, pour le ton de delaré mineur, on dit en delaré mode mineur, ou delaré tierce mineur, ou delaré mineur, ou en remi-neur, c'est la même chose, ainsi des austres tons, on peut facilement concevoir que ces deux sortes de mode, en telle tons que ce soit, se distinguent toujour par la difference des tierces, soit par les tons naturels, soit par des dieze ou bemol que l'on met a la clef, comme on vera dans le segond livre.

Figure de la gamme double		
les sept degres de la musique		
G	re	sol
F	ut	fa
E	si	mi
D	la	re
C	sol	ut
B	fa	si
A	mi	la

pour ne point embarassé le commençant au sujet de cette gamme double, je dirai simplement qu'elle n'est nesçessaire qu'au terme usité, par exemple, au lieu de dire la clef d'ut, on dit la clef de ce solut, pour celle de sol, on dit degere sol, pour celle de fa, on dit d'ef ut fa, pour dire qu'ne piece est en sol, on dit elle est en gere sol, ou en re, on dit en de la re, ou en la, on dit en nami la, ainsi du reste pour les autres tons.

Fin de la table

il est tems presentement de comencer a entonner les tons naturels, tant par intervalles conjoints, que par intervalles disjoints.

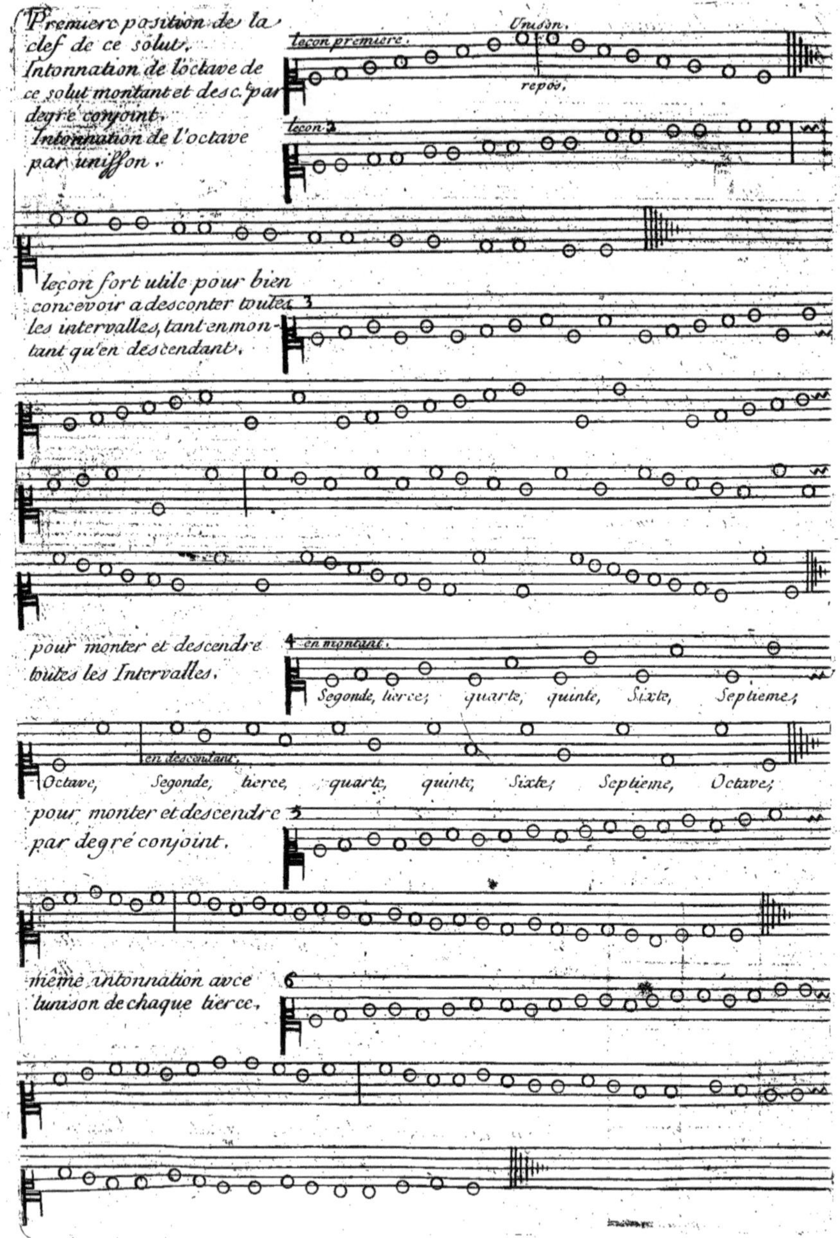
Premiere position de la
clef de ce solut.
Intonnation de l'octave de
ce solut montant et desc. par
degré conjoint.
Intonnation de l'octave
par uniffon.
leçon premiere.
Unison.
repos.
leçon 2
leçon fort utile pour bien
concevoir a desconter toutes
les intervalles, tant en montant qu'en descendant.
3
pour monter et descendre
toutes les Intervalles.
4 en montant.
Segonde, tierce, quarte, quinte, Sixte, Septieme,
Octave,
en descendant.
Segonde, tierce, quarte, quinte, Sixte, Septieme, Octave,
pour monter et descendre
par degré conjoint.
5
même intonnation avec
l'unison de chaque tierce.
6

Intervale de tierce, et Secondes, tant en montant qu'en descend.t
7
même Interval, avec l'unison de la Segonde, il ne faut pas plus rester sur chaque deux noires, que sur chaque ronde.
8
Intervale de tierce, en montant, et en descendant.
9
Intervale de quarte, et de tierce, tant en montant, qu'en descend.t
10
même Interval, avec des Unisons.
11
Intervales de quinte, et de quarte, tant en montant, qu'en descendant.
12
même Intervale, avec Unisons.
13

Les cadences marqué, aux nottes des leçons, avant la page 17 leçons 62. ne servirons qu'aux personnes, ou la disposition de la pouvoir faire se trouve aisement, ils sevirons aussi, l'ors que L'Ecolier seras un peu plus avancé et qu'il feras reptition des leçons. pasez, pour les perfectionner, il est tres sertin, que plus ont repetera les mesmes lecons, et plus ont auras la faciliter, de les châter dans leurs perfections.

21
Leçon de rondes et blanches en montant et descendant par degrés conjoints.
22
Leçon de blanches et rondes en montant et descendant de Tierce.
23
Leçon de blanches et noires en montant et descendant par degrés conjoints.
24
Leçon de blanches et noires pour monter et descendre de tierce.
25
Leçon Chantante.
26
Leçon Chantante.
27
Leçon de noires et de Croches montant et descendant par degrés conjoints.

28
Leçon de Croches et noires aussi par degrés conjoints.
29
Leçon de noires et croches montant et descendant de tierce.
30
Leçon de croches et noires montant et descendant de quarte.
31
Leçon chantante.
32
Leçon chantante.
33
Leçon de croches par degrés disjoints.
34
Leçon chantante.

35
Leçon de croches et double croches montant et descendant par degrés conjoints et disjoints.
36
Leçon de croches et double croches par degrés disjoints.
37
Leçon pour monter et descendre de quarte.
38
Leçon chantante.
39
Leçon de double croches et croches montant et descendant par degrés conjoints.
40
Leçon de double croches et croches montant et descendant par degrés disjoints.

41
Leçon chantante.
42
Leçon de double croches et noires montant et descendant par degrés conjoints.
43
Leçon de double croches et croches descendant et montant de tierce.
44
Leçon chantante.
45
Leçon par degrés conjoints.
46
Leçon de double croches et croches montant et descendant par degrés disjoints.

47
Leçon chantante.
48
Enchaînement de Six doubles croches avec une croche.
49
Leçon chantante.
50
Enchaisnement de seze doubles croches pour chaque mesures par degrés conjoints.
51
Leçon de double croches par degrés disjoints.
52
Leçon chantante.

53
Deuxieme Position, Mesure à trois tems une noire chaque tems.
54
Leçon de noires et croches, les croches se gouverne comme les doubles croches de la mesure a quatre tems.
55
Enchaînement de la noire avec quatre croches par degrés conjoints.
56
Enchaisnement des six croches pour chaque mesures.

57
Leçon chantante.
58
Leçon chantante par degrés disjoints.
59
60
Leçon de croches par degrés disjoints.
61
Unissons de deux croches.

17
De la Cadence en descendant avec la maniere de la preparer.
62
63
Observation de la même Cadence quil faut aussi preparer.
De la Cadence sans preparez, Et preparez en descendant.
64
De la Cadence preparez en montant.
65

De la même Cadence aussi preparez et sans preparez.
66
Troisieme position. de la mesure a deux tems une Blanche chaque tems ou la valeur : Exemple, pour la reprise qui est de dire deux fois le commencement et deux fois la suite
67
68
Leçon de noires et croches, les croches se gouverne comme les doublecroches de la mesure du quatre tems.
La maniere de concevoir la duré du point, les croches liez a chaque noires tiennent lieu du point.
69

Du point et du dieze en mon=
=tant avec des noms de notes
supposés, qui servent a trouver
avec facilité la justesse de
l'intonation.
70
Supposé ut si.
Supposé ré si ut.
Leçon en de la ré tierce mineur.
S. l'esse avec un point veut dire.
Supposé dans les endroits ou
se trouve les noms de notes
supposés.
71
S. Sol la si ut.
Du dieze montant et descen=
=dant. de la ré mineur.
72
S. Sol fa mi ré ut la si ut ré mi mi ré ré.
Du bémol montant et descen=
=dant: tous bémols qui ne sont
point a la Clef s'appellent fa.
de la ré mineur.
73
Lentement.
S. la sol fa mi fa mi ré ut.
S. fa ré mi fa Sol ut
S. mi fa Sol fa mi ré.

74
Leçon chantante.
75
Mesure du quatre tems.
76
S. sol fa mi ré ut si la sol sol.
Quatrieme et derniere position de la Clef de Cé sol ut.
77
Leçon chantante.

78
Leçon chantante.
Pour trouver avec facilitez le chant
de cette leçon suppose la premiere
position de Cesolut pour chanter
ensuite selon la vray position.
Délaré Majeur.
79
Même supposition pour la
facilité de l'etude.
Délaré Majeur.
80
81
Supposé la seconde position de Césolut. Géresol mineur.

Même Supposition
Cette Leçon commence
en levant.
82.
même supposition
Gérésol mineur.
83.
Leçon pour les diezes,
bémols, et bécarres, pour
bien sentir la justesse des
demi-tons, il faut toujours
supposer lors que cela des=
=cend par demi tons ut si,
ut si, ut si, et lors que lon mon=
=te par demi tons mi fa, mi fa, mi fa
84
Délaré mineur.

89
Leçon doublez sur le même chant.
S. ré mi fa sol fa mi.
90
Première position de la Clef de Gérésol A mi la mineur.
91
Leçon chantante A mi la mineur.
92
Délaré mineur.

93
Leçon chantante.
94
Cesolut Majeur.
95
Amila mineur.
96
Cette Leçon commence en levant.

Leçon qui doit estre bien marquez avec précision.
98
Dé la ré mineur.
99
Cé sol ut majeur cette Leçon doit être chanter gayment
Ligne de passage qui
100
fois qu'on arrive a la
reprise de prendre la
blanche à la place de
la ronde.

101
Amila mineur.
102
Césolut Majeur.
Deuxieme et derniere position de la Clef de Gérésol, Césolut Majeur.
103
104
Leçon chantante Délaré mineur

105
Césolut Majeur.
106
Amila mineur.
107
Amilamineur.
En levant.
108
Césolutmajeur.
109
Delaré mineur.

110
Amila mineur
111
Amila mineur.
112
Amila mineur.
113
Délaré mineur.

Cesolut Majeur.
Première position de la
Clef de f ut fa.
115
116
Amila mineur.

117
Délaré mineur.
118
Cé sol ut Majeur.
119
Cé sol ut Majeur.
120
Leçon pour s'abituer au changement de mouvement de mesure.

Fin du Premier Livre.

www.ingramcontent.com/pod-product-compliance
Ingram Content Group UK Ltd.
Pitfield, Milton Keynes, MK11 3LW, UK
UKHW021317190726
13839UKWH00007B/1923

9 782329 583853